U0966141

学汉语分级读物

⑥

Yànzǐ hé Qíguó de Gùshi

晏子和齐国的故事

第3级

历史故事

陈贤纯 编著

北京语言大学出版社
BEIJING LANGUAGE AND CULTURE UNIVERSITY PRESS

图书在版编目（CIP）数据

晏子和齐国的故事 / 陈贤纯编著．— 北京 ：北京语言大学出版社，2017.12

（学汉语分级读物．第 3 级：历史故事）

ISBN 978-7-5619-5132-3

Ⅰ．①晏…　Ⅱ．①陈…　Ⅲ．①汉语－对外汉语教学－语言读物　Ⅳ．① H195.5

中国版本图书馆 CIP 数据核字（2017）第 302041 号

晏子和齐国的故事

YANZI HE QIGUO DE GUSHI

责任编辑：王　轩　张　莹　　封面制作：西吉文化
插图绘制：北京冰河插画工作室　西吉文化
排版制作：北京创艺涵文化发展有限公司
责任印制：周　燚

出版发行：北京语言大学出版社
社　　址：北京市海淀区学院路 15 号，100083
网　　址：www.blcup.com
电子信箱：service@blcup.com
电　　话：编辑部　8610-82303647/3592/3395
国内发行　8610-82303650/3591/3648
海外发行　8610-82303365/3080/3668
北语书店　8610-82303653
网购咨询　8610-82303908
印　　刷：北京京华虎彩印刷有限公司

版　　次：2017 年 12 月第 1 版
印　　次：2017 年 12 月第 1 次印刷
开　　本：880 毫米 ×1230 毫米　1/32　印　　张：3.625
字　　数：56 千字　定　　价：29.00 元

PRINTED IN CHINA

编写说明

这是什么书?

这是为学汉语的人写的课外读物，有民间故事、文学故事、历史故事3个部分，一共有50本。

谁读这些书呢?

第一，学汉语的外国人。第二，生活在海外的华人子女。第三，中国国内学汉语的少数民族学生，甚至包括中国的小学生。

这些书有意思吗？难不难?

1. 这些书讲的故事很有意思，有很多中国文化的内容。你们在学习汉语的同时，也能了解中国文化。

2. 故事很容易懂。

我们把这些书分为3个等级：

级别	内容	册数	汉字量
第1级	民间故事	10本	500字
第2级	文学故事	20本	800字
第3级	历史故事	20本	1200字

第1级是最容易的，10本书都是中国的民间故事。只要认识500个最常用的字，不用查词典，就能轻松读懂这10本书。

第2级有20本书，都是中国古代最有名的小说里的故事，认识800个汉字的人可以读懂。小说本来是很难的，可是我们讲得很简单，很容易懂。

第 3 级也有 20 本，认识 1200 个汉字的人可以读懂。这里讲的历史故事发生在 2000 多年前的中国。为什么给你们看过去的故事？因为文化是从过去来的，看看 2000 多年前的故事，才能真正知道中国人现在为什么这样想，为什么这样做。

每一本书都只有很少的字比较难，这些字有拼音，有插图，有说明，可以帮助你们读懂。

3. 每一本书都只有 2 ~ 3 万字，很快就可以读完一本，阅读会成为一件轻松、快乐的事。

4. 这套书一共有 50 本，很多，内容很丰富。读完这 50 本书，你们不但能了解中国文化，而且再也不会觉得中文难读懂了。

怎么样？快打开书，读一读这些有意思的故事吧！

关于历史故事

跟民间故事和文学故事不同，历史故事是真实的，是以前发生过的事。

这 20 本历史故事，选自公元前 770 年到公元前 202 年的历史。以《左传》《史记》《国语》《战国策》等历史记载为根据，只在细节上有一些连接和想象。

中国的历史很长，故事很多，为什么只选这一段时间？

因为这段时间，正是春秋战国到秦朝末年，这是一个乱世，乱世故事多。

这段时间也是中华民族文化大发展的时候。

中国文化的很多思想来自这个时期，很多故事来自这个时期，很多成语来自这个时期。

这个时期是中国文化的源头。

要了解中国，必须了解中国文化。

要了解中国文化，就不能不了解春秋战国时期的历史。

“历史故事系列”每一本都有一个编号，编号是根据大致的时间先后编排的，年代较远的在前，年代较近的在后。读者可以根据编号的先后阅读。

故事简介

管仲死后，齐国的情况变得越来越坏，国君们一个个都很糟糕，他们对老百姓很不好。

100 年以后，齐国出了一个叫晏子的人。晏子个子很小，可是他很贤明，很有智慧。他后来当了齐国的丞相。

可是，他已经不可能像管仲那样改变齐国的情况。晏子的一生都在跟糟糕的国君做斗争，一生都在尽力为老百姓做事。

目　录

末世齐国

在管仲（zhòng）之后，齐国的情况很快就变坏了。齐桓（huán）公的儿子们为争夺国君（jūn）的位子，互相打杀，打得你死我活，国家常常处在动乱之中。

大部分山林、土地都被当官的拿走了。老百姓辛辛苦苦干一年，有三分之二的收入要上交，自己只剩下三分之一。他们吃不饱穿不暖，生活越来越困难。而贵族们却过着醉生梦死、花天酒地的生活。他们家里的粮食都放烂了，也不拿出来救济百姓。

老百姓有一点儿不满和反抗，官府就狠狠地打压他们，很多人只犯了一点儿小罪，就被砍掉了双脚。

老百姓很想念管仲和齐桓公，可是那个时代已经远去了。

管仲死后100年，齐国终于出现了一个贤明的人，他叫晏（yàn）婴（yīng），字平仲，后人通常叫他晏子。

晏子跟管仲一样，深深懂得老百姓是国家的根本。对外他反对侵略，对内他主张爱民、节约，用礼仪（yí）治国。

但是，那时的国君很糟糕，公族力量太强大，晏子的民本思想很难被国君接受。后来虽然他当了齐国

末世　mòshì　最后一代，快要灭亡了。
罪　zuì　做犯法的事，做了坏事，就有罪。
贤明　xiánmíng　有才能，懂道理，品行好。
侵略　qīnlüè　派军队去打别国，占领别国的土地。
糟糕　zāogāo　情况很坏。

的丞（chéng）相，可是已经不可能像管仲那样做。他不但无法改变当时的情况，而且还必须时时小心，才能保全自己。

在这样险恶的情况下，晏子还是用他的智慧，尽力为老百姓做事。

晏子家也是齐国的公族，他的父亲是齐国的大夫，大夫是比较大的官。公元前556年，晏子的父亲病死，晏子继任当了大夫。

那时齐国的国君是齐灵（líng）公，他当国君已经有26年了。齐灵公是一个坏国君，他不会治理国家，却以为自己很强大，常常想去侵略别国，想要像齐桓公那样称霸（bà）。他根本看不上晏婴这个小个子年轻人。

齐灵公本来已经立大儿子公子光为太子。后来他又娶（qǔ）了仲子、戎（róng）子两姐妹，仲子生了一个儿子，名字叫牙，戎子特别疼爱公子牙。齐灵公很喜欢戎子，戎子就要求改立公子牙为太子。

国君因为喜欢的女人而改立太子的事，在那时候常常发生，结果都很糟糕。周幽（yōu）王改立太子，差一点儿亡（wáng）国（见《秦国的故事》）。晋（jìn）献公改立太子引发了晋国的多年动乱（见本丛书《晋国

智慧　zhìhuì　脑子很聪明，能做大事。

故事》)。

所以，齐灵公不同意。可是禁不住戎子天天在耳边说，后来还是答应了。

仲子和大臣们都劝他，说："这不行，公子光当太子已经好几年了，各国都承认，现在换太子没道理，不可以这样做。"

齐灵公说："谁说不行？这个国家我说了算！"

于是他把大儿子公子光赶到海边去了，改立公子牙为太子，让高厚（hòu）当太子的老师。高家是齐国最强大的公族。

公元前 555 年，齐灵公亲自带兵去攻打鲁（lǔ）国。

他为什么要攻打鲁国？

不为什么，就是因为鲁国比齐国弱小，好欺负。

鲁国呢，因为自己弱小，所以早就跟晋国结盟，当了晋国的盟国。晋国、楚国是当时最强大的诸（zhū）侯（hóu）国。

可是，这时的晋国已经大大不如从前了，国内动乱，没有心思去管那些盟国了。

前些日子，齐灵公曾经试着攻打过鲁国，虽然鲁国立即向晋国报告，请求晋国支援，可是晋国人一点儿反应也没有。

结盟　jié méng　几个国家或几个人联合在一起，共同对付敌人。

“哈（hā）哈，晋国人不行了。我们就放心地打鲁国吧，不打白不打。”齐灵公对大臣（chén）们说。

于是，他再一次带兵去攻打鲁国。

这一次晋国不能不管了，再不管，就会失去小国的信任，以后附近的小国就不会听自己的了。于是，晋国组成了几个国家的联军来打齐国。

齐灵公一看不好，赶紧退回军队，来对付联军。双方在平阴城外大战一场。结果齐军大败，退入平阴城。

晋国人放出消息说，鲁国人和莒（jǔ）国人也要派出 1000 辆战车，从南面打过来。

晏子说：“国君本来就没有勇气，听到这个消息，肯定要逃走了。”

果然，齐灵公决定放弃平阴，逃往首都临（lín）淄（zī）。

于是联军占领了平阴，并且追到临淄，包围了临淄城。齐军守在城里不敢出来。

临淄城城墙高大结实，不容易攻下来。再说晋国也不想灭掉齐国，所以联军在临淄城外待了一些日子，就回去了。

敌人走了，可是齐国受到了很大的破坏，东西被抢走了，老百姓的房子被烧掉了，到处都是无家可回的人。

受了这次打击以后，齐灵公病倒了。他病得很重，已经起不来床，眼看快要死了。

齐国被打败，有一个人很高兴，那就是公子光。他失去了太子的地位，被赶到了海边，但他时时都在注意着临淄的动静。

公子光当太子的时候，跟崔（cuī）杼（zhù）关系很好。崔杼是公族，是齐灵公最信任的人，在齐国有很大的势力。看到齐灵公已经病危，崔杼就派人去找公子光，偷偷地把他接到了临淄。

崔杼跟大臣们说，公子牙还小，没有能力管理国家，应该让公子光回来当国君。于是公子光出现在了大家的面前。

大臣们没有人反对，公子光本来就是太子，不应该被赶走的。

公子光马上到宫里去抓公子牙，可是没有抓到，公子牙已经跑了。不过他抓到了戎子，就在宫里把她杀了。那时候他父亲还没有死呢。

戎子的尸（shī）体被放在朝堂上示众。这是不合礼仪的，那时候是不杀妇女的，妇女的尸体更不能放在外面让人看。可是，公子光不管这些。

不久，也就是公元前554年，齐灵公死了，公子光当了齐国的国君，他就是齐庄（zhuāng）公。那时候晏子接替父亲的职位刚刚两年。

齐庄公派出人去追杀公子牙，最后公子牙被杀死了。接着，崔杼又杀了公子牙的老师高厚，把他家的财（cái）产也抢了过来。

齐庄公之死

齐庄公也是一位很糟糕的国君。他骄傲不讲理，不顾礼仪道德，喜欢使用武力，而且听不进别人的劝告。

晏子作为大夫，常常向国君提一些建议。开始的时候，齐庄公还能听晏子的意见，每一次采用晏子的建议，他都给晏子增加食邑（yì）。

食邑是什么？是国君给大夫的田地和这些土地上的居民。

可是晏子总是劝他不要做坏事，要对老百姓好一些，等等。所以，不久他就讨厌（yàn）晏子了，每次上朝都减少晏子的食邑，直到把晏子的食邑减完。

晏子退朝出来，坐在马车上，先是叹气，叹完气后又大笑起来。

他的车夫问道："您为什么一会儿叹气，一会儿大笑呢？"

晏子说："我叹气是因为我知道，我们的国君一定会有灾难。我大笑是因为我可以保全自己，我不会死了。"

齐庄公很不喜欢晏子。有一次他喝酒，下令叫晏子来。晏子不知道国君有什么事，急急忙忙赶到宫里。刚进门，齐庄公就叫乐人唱歌，歌词唱道："哎（āi）呀

建议 jiànyì 向别人提出自己的主张，认为应该这样做。
叹气 tàn qì 心里不高兴，又感到没办法时，从嘴里发出的长长的声音。

(yā)，哎呀。我高兴不起来呀，你来做什么？”

晏子进门以后，在席（xí）子上坐下。

那时候没有椅子，人们在地上放席子，坐在席子上。

乐人连续三次唱这首歌。晏子听出来了，这是唱给自己听的，于是站起来，坐在齐庄公的对面，这一次坐在地上。

齐庄公说：“你刚才坐在席子上，现在为什么坐在地上了？”

晏子回答说：“我听说，跟人争论是非要坐在地上。现在我想要跟国君您争论是非，敢不坐在地上吗？觉得自己人多就不讲道理，喜欢坏人而讨厌好人，国君您就是这样的人呀，这样以后一定会有灾难。您听不进我的话，我请求辞职，离开这里。”

齐庄公没有留他，他希望这么讨厌的人快一点儿离开，实际上他就是想赶走晏子。

晏子回到家，把家里的东西全部拿出来交公，把外面的财产卖掉，说：“君子有力量为老百姓做事，我就可以当官。如果无力为老百姓做事，我就离开，到外乡去，不害怕穷困。”

他走了，到农村种地去了。

辞职　cí zhí　不在这儿工作了，不干了。

崔杼跟齐庄公是一样的人，所以齐庄公很喜欢他。可是，最近崔杼忽然非常气愤，他恨齐庄公了，恨不得杀死他。

为什么？

因为前些日子，崔杼娶了一个妻子，她的名字叫东郭（guō）姜（jiāng）。

崔杼已经挺老了，他还没有结过婚吗？为什么现在才娶妻？

当然不是。他早就结婚了，而且已经有好几个妻子了。那时候有钱人一夫多妻，男人只要有钱，娶多少妻子都行。

东郭姜原来是有丈夫的，她丈夫是棠（táng）邑的大夫，人们叫他棠公。可惜他死了，东郭姜成了寡（guǎ）妇（fù）。

东郭姜的弟弟叫东郭偃（yǎn），在崔杼家里当管家。崔杼让东郭偃驾车到棠公家里去的时候，看到了东郭姜。一见东郭姜，崔杼眼睛忽然一亮，他惊呆了，东郭姜竟然这么美丽。唉（ài），这个棠公真没有福气。

崔杼决定娶东郭姜为妻。反正棠公已经死了，他娶东郭姜是合法的。

有人劝他，说："娶这样的女人不吉利，克（kè）

吉利 jílì 有好的结果。不吉利：会有坏的结果。

夫。你看，棠公不是被他克死了吗？”

什么叫“克夫”？

就是对丈夫不利，古人认为娶了不吉利的女人，丈夫可能会死。跟“克夫”相反的，有的女人“旺(wàng)夫”，就是对丈夫有利，将来会使丈夫越来越好。

当然，这是古人迷信的说法，没什么道理。可是当时的人很相信，所以很多人结婚以前，会请人来算命或者占卜，看看吉利还是不吉利。

崔杼也请人来占卜。占卜的结果让人很不明白，有人说吉利，有人说不吉利。

“不管这么多了。棠公不是已经被她克死了吗？我娶她就不会再克我了。”崔杼对自己说。

就这样，崔杼把东郭姜娶回了家。

不知怎么的，这件事被齐庄公知道了。他决定去崔杼家里做客，看看东郭姜是一个什么样的女人。

看了以后，他就明白为什么崔杼要冒着被克死的风险娶她了。这女人太有吸引力了。

从此以后，齐庄公就常常到崔杼家里去，而且是在崔杼不在家的时候去。当然，他把东郭姜弄到了手。

崔杼很快就知道了。他非常生气，骂东郭姜不要脸。

占卜 zhānbǔ 一种算命的方法。

东郭姜说："他是国君，我怎么敢不服从他？你一个男人，连自己的老婆都保护不了，还要怪我？"

"这个该死的东西！我叫你不得好死。"崔杼恨得咬牙切齿地骂齐庄公，"就算你是一个国君，也不能这样欺负大臣呀。"

崔杼决定要报仇。

齐庄公根本不在乎崔杼在想什么，他仍然趁崔杼不在家的时候，去找东郭姜。他还把崔杼的衣服、帽子一样一样地拿走，送给别人。

他觉得这样做很好玩儿。

有人劝他不要这样，齐庄公哈哈大笑着说："这有什么？我看崔杼怎么办。"

崔杼愤怒了，他下决心杀死齐庄公："你叫我戴绿帽子，我就叫你死！"

齐庄公身边有一个太监，叫贾（jiǎ）举，是天天跟着齐庄公的人。齐庄公对身边的人也很不好，不讲理。以前因为一件小事，曾经让人狠狠地打过贾举。贾举挨了打，嘴上不说，心里暗暗地想着报仇。

于是，贾举就成了崔杼的同伙。

报仇 bào chóu 用行动来打击害过自己的人。

戴绿帽子 dài lǜmàozi 如果妻子跟别的男人有关系，老百姓就说这个丈夫戴了绿帽子。

太监 tàijiàn 国君的仆人，王宫里的仆人。

过了些日子，崔杼说自己病了，要请假，一连好几天没有去上朝。齐庄公就带着贾举等六七个随从，去崔杼家看望他。

崔杼的妻子东郭姜出来迎接，把齐庄公迎进了后院。贾举把其他人都拦在了门外，说："各位，在这儿等着吧，别往里进了。"

齐庄公跟着东郭姜来到了屋里，东郭姜说："主公在这儿等一等，我一会儿就来。"

其实，齐庄公根本不是来看崔杼的，他是来会东郭姜的。

他在等东郭姜的时候，觉得一个人无聊，就拍着大厅的柱（zhù）子，唱起歌来，唱的当然是情歌。他的自我感觉很好。

崔杼根本没有病，也没有外出。他的屋子周围到处都是勇士，他要在今天杀死齐庄公。

齐庄公的情歌还没有唱完，拿着刀的勇士们就冲了进来，他们举着刀要砍齐庄公。

"你们要干什么？"齐庄公大吃一惊。

"我们来杀你这个不要脸的人。"这些人说。

齐庄公像所有的怕死鬼一样，请求他们不要杀他。可是，这些人不答应。

"那么，就让我到外面去自杀，行不行？"齐庄公骗他们，因为只要离开这个房间，他就有办法。

这些人还是不答应。

看来只好跑了。齐庄公冲出屋子拼命跑，很快爬上了院子的墙头。眼看就要翻过墙头去了，这时“嗖(sōu)”的一声，一支箭射在他的大腿上。他“啊呀”大叫一声，从墙上掉了下来。勇士们再也没有废话，每人一刀，把他杀死了。

这个糟糕的家伙，只当了6年国君就死了，他死得很可耻。

废话　fèihuà　没有用的话。
可耻　kěchǐ　很丢脸。

崔杼专权

崔杼杀死了国君，这是以下犯上的行为。齐国的大臣们会一起去杀崔杼吗？

没有，没有人去杀崔杼。相反，崔杼的朋友庆封立刻跑到崔杼家中去，表示支持崔杼。

齐庄公信任、喜欢的大臣中，没有一个人为他去报仇。相反，有些人害怕崔杼杀他们，当天就逃到国外去了。

当然，也有几个大臣跑到崔杼家中，去声讨崔杼。崔杼杀了他们。其实，齐庄公活着的时候并不喜欢这几个人。

多数大臣躲在家里，派人出来打听消息，等着事情的进一步发展。

晏子来到崔杼家的门口，他没有进去。有人问他："你要为国君去死吗？"

晏子说："为什么让我为他死？"

"那么你准备逃走吗？"

晏子说："我又没有什么错，为什么要逃走？"

"那你回去吧。"

晏子说："国君都死了，我们还能到哪里去呀！"

晏子叹了一口气，接着说："本来作为国君，他

专权 zhuānquán 一个人掌握大权。
声讨 shēngtǎo 大声指出别人的罪，表示自己的愤怒。

应该管理好这个国家，而不是欺压老百姓。作为大臣，他应该为这个国家服务，而不仅仅是为了自己的利益。国君要是为国家而死，我当然也要为国家死。可是，他为了自己的私欲（yù）而死，我为什么要为他死？”

等到崔家的大门打开，晏子就进去了，来到齐庄公的尸体旁，大声哭了一会儿，然后就站起来走了。他现在为这个国家的前途感到非常担心。

有人跟崔杼说：“应该杀掉晏子。”

崔杼说：“算了，他是老百姓喜欢的人，放了他，能得到民心。”

公元前548年，崔杼和庆封立齐庄公的弟弟为国君，他就是齐景公，崔杼当右丞相，庆封当左丞相。实际上他们两个人掌握了大权。

崔杼担心大臣和百姓们不服，就把大臣们叫到一起开会。

崔杼要求在场的人一个一个地发誓：“如果不跟崔家和庆家亲近，就不得好死。”

面对着崔家和庆家家兵的包围，大家没有办法，只好按着要求说。

轮到晏子了，晏子说：“我晏婴要是不跟忠君利国

发誓　fā shì　对天说，自己以后一定怎么做。
忠君　zhōng jūn　一心为国君做事，不反对国君。

的人亲近，请上天惩罚我。”

“大胆的晏婴，让你这么说了吗？”庆封非常生气，他要晏子再说一遍。

晏子抬着头，不肯再说，庆封拔出剑（jiàn）来要杀晏子。

崔杼劝庆封，说，“算了，算了。他是一个好人，放过他吧，杀他不吉利。”

晏子走出来，上了马车。车夫立刻赶马快走，他怕崔杼后悔又追出来，想赶紧离开这是非之地。晏子对车夫说：“别害怕，慢点儿，不要失态。快了不一定就能活，慢了也不见得就会死。”

崔杼和庆封总算没有杀晏子。

过了几天，崔杼忽然想起来，国家的每一件大事太史都会记下来，要作为历史，给后代看的。这件事太史是怎么写的呢？

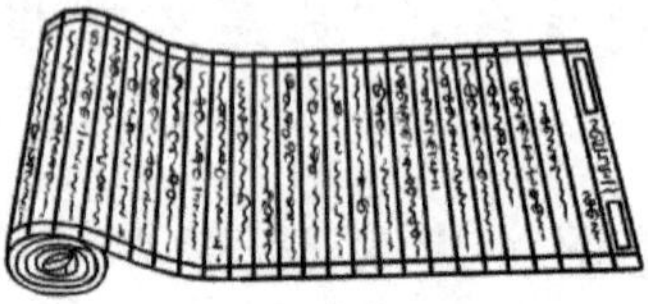

竹简

于是他把太史官找来，说：“这件事你这么写：‘齐庄公奸淫妇女，被老百姓杀死了。’”

太史官说：“我已经写好了。”

“写好了？你是怎么写的？拿给我看看。”崔杼说。

惩罚 chéngfá 因为做错事，所以被打，被关起来，被杀头，等等。
奸淫 jiānyín 用强力跟妇女发生性关系。

太史把手里的竹（zhú）简（jiǎn）递给了崔杼。崔杼一看，上面写着："崔杼杀死了他的国君。"

崔杼很生气，说："不行，你照我说的写。"

太史说："不能改，我必须按事实写。"

崔杼大声地说："你改不改？不改我杀了你！"

太史说："连国君都不敢杀我，你敢杀我？"

那时候，太史是很厉害的，虽然他们没有什么权力，也没有军队，可是一个好的国君决不敢杀太史。

崔杼说："我连国君都敢杀，难道就不敢杀你？"

太史坚持说："你杀我，我也不改。"

崔杼心想："你一个小小的太史官，我还治不了你吗？"他对手下的人说："杀了他。"于是太史被砍了头。

那时候，如果太史死了，就由他的弟弟或者儿子当太史。

崔杼把太史的弟弟找来，要求他按自己说的写。

太史的弟弟说："不行。只能这么写：'崔杼杀死了他的国君。'"

"不改，我就杀了你。"崔杼说。

"杀了我也不改。"太史的弟弟跟他哥哥一样硬气，太史家的人都忠于自己的职业道德。

崔杼又杀了太史的弟弟。

太史有三个弟弟。老三被叫来了。

崔杼说："你两个哥哥的尸体看见了吧。你改不改？"

老三看到两个哥哥躺在地上，心中很愤怒，可是他仍然说："不改。事实是这样，我不能改。"

"不改我就杀了你，让你跟你两个哥哥的下场一样！"崔杼大声地喊着，他真没见过这么死心眼的人。

"那就来吧，怕死的就不当太史！"听说两个哥哥被崔杼杀死了，老三早就做好了死的准备。

结果崔杼又杀了老三。

轮到老四了。崔杼先让他看三个哥哥的尸体，然后问他："你怎么写？"

崔杼心里想，这兄弟几个总会有一个怕死的吧？

可是老四也不怕死，他大声回答："崔杼杀死了他的国君。"

他的声音那么坚定不移，充满正气。

崔杼心里害怕了，他没想到事情会这样。本来他心里有鬼，这下子就没有勇气再杀人了。

过了半天，屋里一点儿声音都没有，他手下的人问："这个杀不杀？"

崔杼挥挥手，说："算了，让他走吧。"

太史家的老四捡起地上的竹简，走了。

老四刚走到崔杼家的门口，就遇见了南史家的几个兄弟。

按照当时的规定，如果太史家的人都死了，就由南史家当太史。当他们听说太史家的几个兄弟都被崔杼杀了，就一起来到崔家，他们商量好了，就算自己被杀死，也一定要这么写。

这样，齐国的历史上就写着："崔杼杀死了他的国君。"

春秋时期的史官真是让人敬佩。

晏子智谏

齐景公眼看着自己的哥哥齐庄公被崔杼杀死，知道当国君是有危险的，所以不敢乱来。

刚刚当国君时，他很小心，希望贤明的人来帮自己。于是，晏子得到了重用，齐景公愿意接受晏子的劝告。因此，齐国的情况开始比以前好一些了。

其实，齐景公也是一个糟糕的国君。他爱酒如命，喜欢说他好话的小人，喜欢玩狗，玩马，就是不喜欢为老百姓着想。

当齐国的情况好了一些以后，齐景公就开始乱来了。有一次他喝酒喝得大醉，竟然躺在床上三天没有起来。

大臣们三天没有上朝，国家三天没人管。晏子劝齐景公不要这样喝酒，说："国君要是离开了德行，就失掉了用来治国的东西。"

齐景公没有听。他仍然这样喝酒。有一次喝了七天七夜都不停。

有一个大臣叫弦（xián）章（zhāng），进去跟他说："您喝酒已经喝了七天七夜了，我希望您不要再这样，要不然，您就杀死我吧。"

齐景公拿着酒杯，看着弦章，半天没说话。

智谏 zhì jiàn 这里指用聪明的办法向齐景公提意见。智：聪明；谏：下级给上级提意见。

这时候晏子进来了，齐景公说：“我要是听了弦章的话停止喝酒呢，这等于被他管了。我要是不停止喝酒呢，又不想让他死，怎么办呢？”

晏子赶紧说：“弦章啊，你运气好啊，幸好你碰到的是我们的国君，要是碰到的是夏桀（jié）、商纣（zhòu）这样的坏国君，你早就死了。”

夏桀是夏朝最后一个国君，商纣是商朝最后一个国君。人人都知道，这两个国君非常坏，所以后代的人都骂他们。

晏子这么说是什么意思？

齐景公听出来了，晏子是劝自己不要做像夏桀、商纣一样的坏国君。

他只好说：“好了，好了，我不喝了，行了吧？”

他终于让人把酒拿走了。

齐景公有一匹好马，他非常喜欢。可是，有一天，这匹马突然生病死了。他非常生气，命令杀死养马的人，让人拿刀把他的手脚和身体一点一点地砍下来。

晏子当时在齐景公身边，看到武士拿着刀向养马人走去，赶紧说：“别忙，等一等。”

他回过头来对景公说：“不知道尧（yáo）帝和舜（shùn）帝杀人的时候，是从哪个部位开始的？”

齐景公听了，很快就明白了晏子的意思：尧帝和舜帝是古代最贤明的帝王，他们对老百姓很好，从来不这样杀人。晏子是劝自己要学尧帝和舜帝，不要杀人。

齐景公知道，晏子用这种方法劝自己，是给了自己面子。于是他挥了挥手，说："算了，算了，不要杀他了。"可是他接着又说："把他关进监狱。"

晏子说："我来告诉这个人，他犯了什么罪，然后送他进监狱。"

齐景公说："好吧。"

晏子说："你的罪有三条：国君让你养马，你把马养死了，这是第一条。你养死的又是国君最喜爱的马，这是第二条。因为你养死了马，国君要把你关起来。老百姓听到这件事，一定会怨恨我们的国君，别国的人听到这样的事也会看不起我们齐国。因为你养死了马，害得我们的国君被老百姓怨恨，被别国的人轻视，这就是你的第三条罪。"

"现在把他关进监狱吧。"晏子说。

齐景公听明白了，这样对待养马人会被老百姓怨恨，会被邻国的人轻视。晏子明明是在劝自己不要把养马人关进监狱。

他想了想，觉得晏子说得对，只好说："好吧，放了他吧。不要因此伤害我的名声。"

监狱　jiānyù　把有罪的人关起来的地方。

齐景公身边有一些人，整天围着齐景公，说好话让他高兴。齐景公说喜欢狗，他们就去弄来好狗献给齐景公，一起玩狗。齐景公说喜欢马，他们就去弄来好马，一起玩马。这些人只会拍马屁，陪着齐景公吃喝玩乐，使齐景公忘记国家大事。朝中的大臣都对他们很不满。

可是齐景公很喜欢这些人，认为他们是最好的人。有一次，他打算赏赐他们很多粮食。可是，他的命令发出多次，管粮食的人没有听他的命令。

齐景公很生气，下令不让这个人当官了。

可是命令发出多次，管人事的官也不听他的命令。

齐景公大怒，把晏子找来，说："我作为国君，喜欢谁就给谁好处。讨厌谁，就不让谁当官。可是现在我说的话没人听，我还当什么国君！"

晏子说："我听说，国君正派，臣子服从，这叫顺。国君不正派，臣子也跟着不正派，这叫逆（nì）。现在国君不走正道，臣子没有跟着学，他们做得对呀。对国家有利的人应该赏赐他，对国家有害的人，就不能让他当官。您是这样做的吗？您想一想，过去的朝代成功和失败的原因，不就明白了吗？"

拍马屁　pāi mǎpì　说好话让有权的人高兴，目的是希望自己得到好处。
赏赐　shǎngcì　上级把钱或好东西给下面的人。

齐景公没有办法，只好说："那好，我收回对他们的赏赐。"

齐景公最喜爱的姬妾婴子死了，齐景公非常伤心，坐在席子上守着她的尸体，三天都没离开，也不吃饭。大臣们都来劝他，他也不听。

尸体快要臭了，这样下去怎么行？大家问晏子有没有办法。

晏子走进去，对齐景公说："有名医来说，他们愿意救治婴子。"

齐景公高兴起来，立即站起来，问道："死了的人还能救活吗？"

晏子说："他们自己说是名医呀，您让他们试一试吧。"

齐景公说："那好，去叫他们来。"

晏子说："那么，您回您自己的宫室，先去洗澡、吃饭。这里呢，他们有他们要做的事。"

"那好。"齐景公说。他终于离开了死者。

其实，根本没有什么名医。等齐景公一走，晏子马上叫人抬来棺材，把尸体放进棺材里。

齐景公洗完澡吃完饭回来了，晏子走上前去，说：

姬妾　jīqiè　国君的小老婆。
棺材　guāncai　放死人的大箱子。

“医生们都说他们没有办法了，现在尸体已经放进棺材里了。我不敢不告诉您。”

齐景公一听很不高兴，这明明是骗自己！

晏子知道齐景公受了骗会生气，赶紧说：“主公，您不知道人死了就不可能再活过来吗？尸体臭了还放着，这对死去的人很不好，不应该呀。”

齐景公没有办法，觉得晏子说得没错，只好说：“那就按你说的办吧。”

崔家灭亡

现在的齐国，崔杼家和庆封家的势力最大。崔杼和庆封两个人结盟，说好了两家要互相支持。他们希望自己的家族永远强大下去。

可是，事情并没有像他们希望的那样。

首先是崔家有了麻烦。

东郭姜自从改嫁给崔杼以后，生了一个儿子，叫崔明。

崔杼原来有两个儿子，已经长大成人，大儿子叫崔成，二儿子叫崔强。这两个儿子崔杼都不太喜欢。因为老大崔成有病，老二也不怎么样。倒是老三崔明又聪明又懂事，崔杼非常喜欢。

于是他决定立崔明为他的继承人，那时候崔明只有两岁。

崔成只好要求到崔邑去养老。崔杼答应了。

可是管家东郭偃说不行，他是崔明的舅（jiù）舅。他对崔杼说："崔邑是崔家祖庙所在地，应该给您的继承人，怎么能给别的儿子？"

崔杼一想，这话有道理。于是就不同意崔成去崔邑。

崔成和崔强非常生气。可是他们又没有主意，就跑到庆封家去，请庆封帮忙。

祖庙　zǔmiào　纪念祖先的地方。

崔杼娶东郭姜的时候，庆封就知道崔家以后会有麻烦，果然这么快就有麻烦了。

是帮这两兄弟灭了东郭氏，还是劝这两兄弟另外找一个地方去养老？庆封没想明白。他找卢（lú）蒲（pú）嫳（piè）商量。卢蒲嫳也是公族。

卢蒲嫳说：“崔家要是出了乱子，你庆家就是最强大的了，是不是？你还担心什么？”

于是，庆封准备趁此机会灭掉崔家。他对崔成说：“你们去除掉东郭偃和崔明，我会帮你们。”

崔成和崔强就召集家兵，杀死了东郭偃，同时到处追杀东郭偃的亲信。崔家一下子就乱了，下人们害怕被杀，全都逃走了。

崔杼不知道发生了什么事，大声叫人们住手。可是没有人听他的，他只好跑到庆封家，请庆封出手帮忙。

庆封说：“崔氏和庆氏是一家人，我去帮你打他们。”

其实他早就跟卢蒲嫳商量好了，要趁此机会灭掉崔家。卢蒲嫳带兵包围了崔家，并且叫城里的老百姓也来一起攻打。

崔杼是个坏人，老百姓痛恨他，所以纷纷拿着武器杀进崔家去。他们杀了崔成和崔强，崔家的人被杀得一个不剩。崔家的东西也全都被抢光了。

崔杼回到家一看，东郭姜上吊自杀了，家里到处都是尸体，什么都完了，于是他就找了一根绳子，也上吊自杀了。

崔家被灭，只有崔明逃走了。原来，崔成和崔强杀东郭偃的时候，东郭姜一看不好，就叫人抱着崔明逃走了，他们后来逃到了鲁国。

崔杼没想到崔家会被自己的盟友庆封所灭。

庆封灭了崔家，就和卢蒲嫳分了崔家的财产。庆封成了齐国最有势力的公族，朝中的大事都是他说了算。

可是，庆封的好日子也没有长久。因为齐国公族之间的权力斗争仍然在继续。

庆封喜欢喝酒，喜欢打猎（liè），喜欢过腐败的生活。他懒得管国家的事情，于是把大权交给了自己的儿子庆舍。

子雅（yǎ）和子尾（wěi）是堂兄弟，他们也是齐国的公族。这两个人因为自己的利益受损，对庆封不满，在背后骂庆封。

有人去报告了庆封，庆封很生气，说要联合各个公族去打他们。

上吊 shàng diào 用绳子套在脖子上自杀。
腐败 fǔbài 行为不道德。

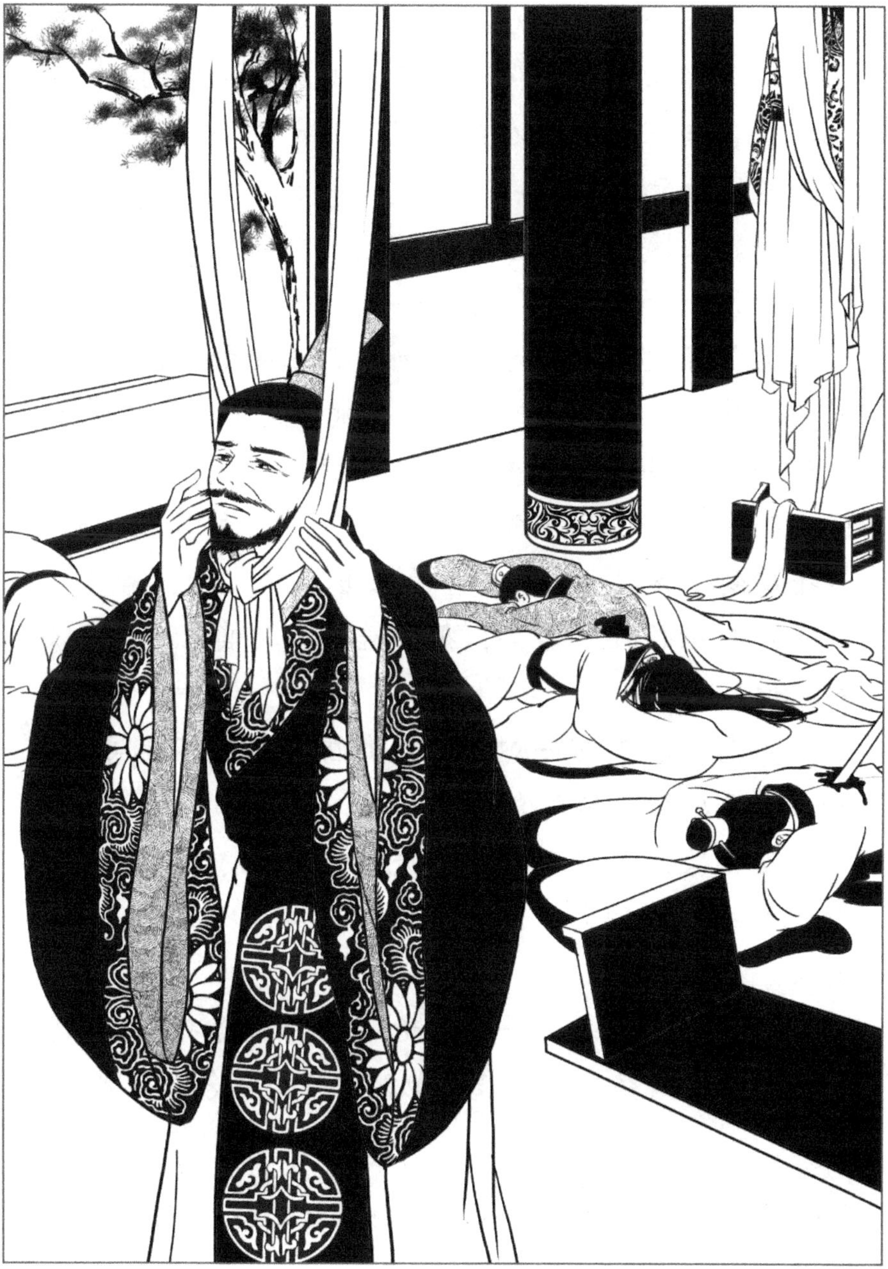

子雅和子尾听说后很害怕，决定先动手，他们暗暗地联合了田家和鲍（bào）家。田家和鲍家的势力也比较大，田家是齐桓公时从陈（chén）国移民过来的，鲍家是鲍叔牙的后代。

要想灭掉庆家，怎么动手呢？

子雅和子尾决定，先杀庆舍。

他们很快在庆舍身边找到了自己的帮手。一个叫王何，另一个叫卢蒲癸（guǐ）。卢蒲癸是卢蒲嫳的哥哥。这两个人当年都是齐庄公身边的卫士。崔杼杀齐庄公的时候，他们逃到了外国。庆封灭了崔家以后，他们两个回到了齐国，当了庆舍的卫士。

庆舍很信任卢蒲癸，很看重他，把自己的女儿嫁给了他。

卢蒲癸和王何一心想着为齐庄公报仇，就同意跟子雅和子尾联合起来杀庆舍。

他们决定在秋天祭祀祖先的时候动手。现在，像祭祀祖先这样的大事，都由庆舍主持，所以庆舍一定会去。

动手的日子一天一天临近了，卢蒲癸有一点儿紧张，被他的老婆看了出来，她就问卢蒲癸怎么回事。

祭祀 jìsì 把煮熟的牛、羊等食物放在祖先牌位前，向祖先行礼，纪念祖先。

卢蒲癸把秘密告诉了老婆。他老婆是庆舍的女儿，他们要刺杀自己的父亲，这怎么行？想来想去，这女人想不明白应该帮父亲，还是帮老公。

“爸，你不要去，有人要杀你。”就在要祭祀的那天早晨，她还是跑到父亲家里，叫她父亲不要去主持祭祀。

“谁有这么大胆子？”庆舍不相信，心想：“你一个女人家知道什么！我带着卫队，还有卢蒲癸和王何两个卫士，怕什么！”

庆舍带着卫队的人走了。

祖庙里已经有很多人，其中有齐景公，大家都等着庆舍到来。

庆舍一看，所有的人都穿着便服，也没有带武器，只有自己带来的人带了武器，就更加放心了。

庙里面在祭祀，庙外面有唱戏的，有喝酒的。那时候祭祀是很热闹的。

祭祀开始了，卢蒲癸和王何拿着长戟站在庆舍身后。

祭祀很麻烦，而且需要很长时间。庆舍的卫士们都放下武器，去喝酒看歌舞的去了。

子雅和子尾的人走过来，拿起了武器。

戟 jǐ 古代的一种武器。

这时子尾用木头敲了三下，这是动手的信号。

卢蒲癸举起戟来，向庆舍刺去。庆舍躲开了，可是他没有躲开王何砍下来的戟，他的左肩被砍了下来。庆舍被杀死了。

很快就有人把消息报告了庆封。庆封赶紧带着家人回到自己的封地。过了两天，庆封整顿好自己的家兵，向都城进攻。

他们打进了北门，向内城进攻。可是内城的城墙很高，没有打下来。这时候，他听说大夫们正在整顿军队，要来打自己。

他一想，军队来了，自己肯定打不过，于是就跑了。他逃到了鲁国，不久又逃到了吴国。后来他的家人也逃到了吴国。

这样，庆家就被赶出了齐国。

从此以后，齐国由子雅和子尾掌权。这两个也不是什么好人，他们分了庆家的财产，成了齐国最富有、最有权势的人。

田家兴起

子雅和子尾在占有庆家土地和财产的时候，要把一大片土地分给晏子。

可是晏子不要。

子尾说："财富是人人都想要的东西，你为什么不要呢？"

晏子说："庆封家有那么多土地，他是齐国最富有的人。他满足了他的欲望，可是最后的结果怎么样呢？他逃到国外去了，什么都没有得到。我的土地不多，如果我跟他一样，要满足自己的私心，那么，当我满足的时候，就离逃到国外去的日子不远了。"

"我拒绝接受这些土地，并不是不喜欢财富，而是害怕失去财富。想一想老百姓的生活是不是富有，我就不敢拿得那么多了。"

子尾一听，觉得晏子说得有道理，就把自己强占的那些土地退了出来。

因此，齐景公想让子尾当丞相。

子尾说："我退出土地是跟人家晏子学的，我看晏子行，还是叫他当丞相吧。"

于是齐景公叫晏子当丞相。

晏子说："主公，我不行。"

齐景公说："怎么不行？子尾都说你行。"

后来，晏子还是当了丞相。

升了官，晏子一点儿都不高兴，他心里很不安，在齐国这种大公族互相杀来杀去的环境里，他觉得自己很危险。

崔家和庆家被杀的时候，很多人受到牵连，有的被杀，有的逃走。现在子雅和子尾兄弟俩是一伙的，田家和鲍家也是一伙的，双方暗暗较劲。别看现在子雅和子尾掌权，过几年不知道会怎么样呢！

子雅和子尾是公族，鲍家不是公族。

田家也不是齐国的公族，他们是陈国的公族。齐桓公的时候，因为陈国动乱，陈国公子陈完来到齐国避难。因为陈完的名声很好，很贤明，所以齐桓公很喜欢他，让他在齐国当官，并且把"田"这个地方赐给他，作为封地。因此，陈完后来就姓田了，改叫田完。

田家因为是外来户，要在齐国立足不容易，所以一向都很低调，以后的好几代人做事都十分小心。

经过 100 多年，田家越来越强大，他们一方面慢慢地使自己的力量强大起来，另一方面讨好老百姓。每当闹灾的时候，他们就借给老百姓粮食，借出的时候用大斗，还的时候用小斗，让老百姓得到好处。因此，百姓们很感谢他们，很拥护他们。

现在田家的掌门人是田无宇（yǔ），这个人很有力气，而且心眼儿很多，很受齐景公重用。虽然现在田

拥护　yōnghù　觉得这样做很好，表示同意，表示支持。

家的力量不如子雅和子尾，但是田无宇一直在找机会，只要有机会，田家一定会有所行动。

就在晏子心里感到不安的时候，从南方吴（wú）国来了一个人，这个人叫季札（zhá），后人叫他季子。

季子是吴王梦寿（shòu）的小儿子。梦寿觉得小儿子比另外三个儿子都贤明，他临死的时候，想要把王位传给小儿子季札，可是季札坚决不干。

后来，季札的哥哥们又几次想把王位传给季札，季札都坚决拒绝。他宁愿去种地，也不当吴王。

所以，大家都知道，季札很贤明。

季札这一次到中原访问，是为了学习周礼，同时看一看中原的情况。他先到鲁国，然后来到了齐国。

齐景公、子雅和子尾对季札这样的人根本没有兴趣，所以接待季札的事都交给了晏子。

只有晏子是真诚欢迎季札的，他跟季札一见如故。季札也很喜欢晏子。

在宴请季札的时候，晏子说："公子，齐国内乱刚刚结束，所以很多地方招待得不周到，真是对不起啊。"

"哪里呀，我早就听说你的贤名，能够见到你，我就很满足了。"季札说，"不过，我看，齐国的内乱恐

招待　zhāodài　对客人的安排和照顾。

怕还没有结束。”

晏子听了很吃惊，自己也是这个感觉呀，所以赶紧问道：“您为什么这么说呢？”

季札说：“子雅和子尾现在很骄傲，而田家却在收买人心，有深远的计划，齐国的政权还没有定下来，内乱就不会停止。”

晏子说：“您说得对，我也这么想。那您说我该怎么办呢？”

季札说：“你赶快辞去丞相的职务，把给你的封地还回去。没有这些，就没有危险。”

其实晏子早就想这样做了，只是还有点儿犹豫。这下，他不再犹豫了。晏子后来辞掉了丞相，退还了封地。

季札是一位智者，他对权力和财富有超然的态度，对世事有非常深刻的见解。

当时，有几个历史上有名的智者和贤者：吴国的季札、齐国的晏子、郑国的子产（见本丛书《郑国故事》）、晋国的叔向等，他们对后代都有很大的影响。

不久，齐景公派晏子出使晋国。在晋国，晏子见到了叔向。

犹豫 yóuyù 不能决定要不要这样做。
智者 zhìzhě 有智慧、有能力，能够看清情况，知道应该怎么做的人。

叔向问道："齐国的情况怎么样？"

晏子叹了一口气，说："齐国已经是末世了，我不知道会怎么样，以后齐国大概会成为田家的齐国了。国君丢弃他的百姓，老人和孩子受冻挨饿，而国君的粮食放得长了虫子。他们对老百姓很坏，老百姓只要犯一点儿小罪，就会被砍掉脚，所以市场上假脚的价钱很贵。而田家常常为百姓做好事，人民有痛苦，生病了，田家人就去照顾他们，所以百姓都拥护田家，就像爱自己的父母。"

叔向说："晋国也已经到了末世。"

过了一些日子，齐国的形势果然如季札所预料的那样，起了变化，因为子雅死了，又过了几年，子尾也死了，这两个人一死，这个集团的人就再也压不住田家和鲍家了。

子雅的儿子子旗是个不成器的家伙，而子尾的儿子子良还没有成年。

子旗想趁此机会把子良家的财产拿过来。于是本来是一个集团的两家人开始打起来，眼看就要打得你死我活。

田无宇高兴了，他打算先帮助子良，然后把两家一同消灭。

可是，后来子旗跟子良和好了。田无宇只好继续忍着，低声下气地等待机会。

子旗和子良这两个人有个坏毛病，就是太喜欢喝酒，天天喝，一喝起酒来就一定会喝得大醉，什么都不管了。

过了两年，也就是公元前532年，有一天，有人来报告田无宇：“子良和子旗要来攻打田家和鲍家。”

田无宇听了，马上召集家兵，分发武器，他自己赶紧骑马去鲍家。鲍家也听到了消息，也已经给家兵发了武器。

他们再派人去子旗家，却发现这两个人喝酒喝得大醉，不像要来攻打的样子。

其实，子旗和子良虽然讨厌田家和鲍家，看不起他们，不过他们并没有要消灭田家和鲍家的打算。

田无宇说：“虽然那消息是假的，可是我们两家都已经召集家兵，分发了武器，弄得大家都知道了。子旗和子良酒醒以后，听说这件事后一定会来攻打我们。还不如趁他们喝醉酒，现在就去把他们灭了，先下手为强。”

鲍家的人一想，子旗和子良这两家的力量比自己强大，如果让他们准备好了，肯定打不过他们，所以就说：“那好吧。”

“先打子旗家。”田无宇说。

召集 zhàojí 把大家叫到一起。

子旗和子良一点儿准备也没有，所以子旗家损失很大，房子被烧掉，家兵也死伤过半。

子良这时候酒醒了，说：“我们应该先把主公弄过来，看田家还敢不敢造反！”

他派了一队人去齐景公的宫殿（diàn），想把齐景公抢过来。

可是他们去晚了，宫殿的门口已经站着一队官兵，官兵的前面站着一个人，这个人虽然个子矮小，五短身材，可是穿着朝服，充满正气。

他就是晏子。

晏子一听说田家和鲍家去攻打子旗家，就知道他们一定会来抢齐景公。他赶紧去宫殿，让士兵们在门口保卫国君。

“我们该帮谁呀，帮田家和鲍家吗？”手下的人问道。

“为什么？他们哪一点值得我们帮？”晏子说。

“那么，就帮子旗和子良吧。”

“他们哪一点比田家和鲍家好呢？”晏子又说。

“那我们站在这里干什么？”

“他们要来抢国君，国君不能被他们抢走。”晏子说。

值得　zhídé　有必要、应该去做。

子良和子旗派出的人到了。

“什么人?”晏子大声喝道。

“田家和鲍家造反，子良和子旗请国君过去。”

“不行，国君哪儿都不去!”晏子回答。

看到宫殿外那么多士兵，子旗和子良派来的人只好走了。

过了一个月，双方在郊外决战。

因为子旗家的实力一开始就受到了很大的损失，所以现在双方的力量差不多，要想打赢对方都不容易。

不过形势很快就发生了变化，很多老百姓拿着棍(gùn)子跑来帮助田家。因为田家对老百姓很好，曾经帮助过他们。而子旗和子良这两家常常欺负老百姓。

子旗和子良失败了，他们逃到了鲁国。

田家和鲍家分了子旗和子良家的田地和财产，他们心里非常高兴，因为这次真是发了大财。

晏子很生气，对田无宇说:“你一定要把子旗和子良的财产和土地交还给国君。人都有争夺的心思，但利不可强求，不要忘义。利求得太多了，会产生灾难。你还是不要见利忘义吧。”

田无宇一听，觉得晏子说得对，不能为了眼前的利益，就忘了长远利益。于是就把已经抢过来的土地和财产交还给了国君。

不仅如此，为了让人说他好，他还把十年前被子尾赶到国外去的公子、公孙们请了回来，把土地和财产分给他们，还把粮食分给那些穷苦的人。

因此，整个齐国都觉得田无宇是一个大好人，大家都在感谢他。

这时候，田无宇向齐景公提出要退休。齐景公当然不同意，因为老百姓可能会以为自己不能容忍田无宇这样的好人，把他赶走了。所以不但不同意他退休，还把子旗家最好的一块地赏给了田无宇。

现在，田家成了齐国最强大的家族了。

田家的强大使晏子很担心。

晏子的家

晏子出使晋国。从晋国回来，让人赶车回家，可是却找不到自己的家了。他家的房子没有了。原来住的地方，现在是一座高大的新房子，这房子占了他家和邻居们的地方。

“谁把我家的房子拆了？”晏子站在路边很生气。

这时候，从新房子里走出一个人。晏子一看，是自己的管家。

“您走了以后，国君就派人来把旧房子拆了，盖了这新房子，这就是您的家。”管家说。看起来他很高兴。

原来这竟然是自己的家！

齐景公为什么把晏子家的房子拆了，盖新房子？

晏子想起来了。

有一次，齐景公来晏子家，发现晏子家的房子很差。房子就在市场旁边，不但很乱，很吵，还尘土飞扬，而且房子低矮，又旧又潮湿。齐景公没想到晏子住在这样的地方。

齐景公说：“啊呀！你的房子真是太糟糕了，我有现成的好房子，又明亮又干净，明天你就搬过去吧。”齐景公对晏子很关心。

晏子说：“谢谢国君的好意。可是这房子是我父亲

潮湿　cháoshī　水比较多，不干。

留下来的，我不能丢弃它。我能够继承它已经是我的运气了，再说，这儿靠近市场，买东西很方便。”

齐景公笑了，说：“你会自己上市场买东西吗？市场上什么东西便宜，什么东西贵？”

在齐景公看来，像晏子这样有学问的人，又当着大官，怎么可能在乱糟糟的市场里转来转去买东西呢？

晏子真的常去市场买东西，他想了一下，说：“市场上鞋子便宜，假脚贵。”

当时，不少老百姓犯了一点儿小罪，就被砍掉了脚，所以假脚很贵。晏子对这样的事非常不满意，所以故意这样说。

齐景公当然听出了晏子的意思，他没有再说什么，回去以后就让人减轻了刑罚，不再随便砍掉老百姓的脚。

那一次，齐景公没有叫晏子搬家，以后也没有再提搬家的事。

齐景公真的很尊敬晏子，觉得自己当国君，不应该让这样一个贤明的人住这么破的房子。所以，晏子出使晋国时，齐景公马上派人把他家的旧房子拆了，为他盖了新房子。

他心里想：“我把新房子给你盖好了，比以前大了

刑罚 xíngfá 对犯罪的人的处罚。

很多，而且还在老地方，你总不会再说什么了吧。”

可是晏子看着新房子，心里觉得很不舒服，因为邻居们都被赶走了。

他问管家：“我们的邻居呢？”

“邻居们都搬走了。”管家说。

“搬到哪里去了？他们有没有地方住？”晏子问。

“大概搬到郊区去了吧，不知道有没有地方住。”

“他们都愿意搬走吗？”

“当然都不愿意。可是国君派来的人一定要他们搬走，他们敢不搬走吗？有一家搬得慢了一点儿，家里的东西就被扔到了马路上。”

“唉（ài）！”晏子叹了一口气。心里想：这都是自己的错呀！怎么能做这种损人利己的事呢？不仅这些邻居会骂自己，就连全齐国的老百姓都会因此骂街。

晏子没有进家门，赶紧转过身来，去见齐景公。

齐景公一见晏子，兴奋地问道：“夫子，见到你的新房子了吗？”他觉得自己为晏子做了好事，晏子应该比自己更兴奋。

“看见了，谢谢主公。”晏子看起来一点儿都不高兴。接下来他汇报了出使晋国的情况。

“好了，好了。你赶紧回家吧，看看你的新家，看

汇报 huìbào 向上级报告情况是怎么样的。

看还要我做些什么。”齐景公说。他真的是一片好心。

没想到晏子没有再说“谢谢”，竟然提出，想把新房子拆掉，恢复原来的样子。

齐景公非常吃惊。他很生气，觉得晏子太过分了，竟然不领自己的情，太不给面子了。

晏子知道齐景公会不高兴，只好说：“主公啊，房子其实并不重要，重要的是邻居。把他们赶走，这样做不好。我跟邻居们一直相处得很好，为什么要损害他们的利益呢？君子不做不合礼法的事，老百姓不做不吉利的事情，无论如何，我得把这些邻居请回来才对。”

齐景公仍然很生气，坚决不同意晏子拆新房子。他心里想：“我好心好意改善你的住房，有什么错呀？你竟然不领情。”

齐景公跟晏子根本不是同一类人，他们做事、想问题的出发点一点儿都不一样。

齐景公不答应拆房子，晏子也不敢自己就把房子拆了。可是这些邻居是一定要请回来的，要不然晏子觉得自己好像犯了罪一样，晚上都睡不着觉。

他只好去求田无宇，让田无宇帮自己去求齐景公。因为齐景公很信任田无宇。

田无宇劝了很长时间，终于把齐景公说服了，同意晏子把刚盖好的新房子拆掉。

晏子找来人把新房子拆了，把自己家的房子和邻居家的房子按原来的样子重新盖了起来。然后一边向邻居们说“对不起”，一边把邻居们请了回来。

其实，齐景公还是很生气，觉得自己太没面子。自己是好心，没想到晏子不领情。他心里想：“好吧，你要拆就拆，哪怕你住的是狗窝，我也不管了！”

晏子一生都很节约，他不但住的很差，而且吃的和穿的也很差，连一般的老百姓都不如。即使他当了丞相，也仍然是这样。

《晏子春秋》说，晏子当丞相的时候穿的衣服很差，齐景公看不过去，派人送去两件高级的皮衣，可是晏子坚决不要。丞相都穿粗布麻衣，朝中其他大臣们就都不敢穿得太好了。

晏子去上朝，坐的是瘦马拉的破车。齐景公看见了，就派人给他送去了很漂亮的四匹马拉的大车。这是跟齐景公自己的车一样的顶级好车啊，很多大臣都觉得眼热。

可是，晏子不肯接受，送了好几次都不肯收下。齐景公很不高兴，就对他说：“先生不接受我送你的车，我也不坐车了。”

晏子说：“主公让我管理这个国家，我应该节省衣

狗窝 gǒuwō 狗住的地方，意思是很不好的居住条件。

服饮食，为老百姓做一个好样子。主公您坐四马大车，您的大臣也坐四马大车，这不合礼仪。以后别人做了不合礼仪的事，我怎么去劝他们呢？如果大家都追求好的衣服和食物，不顾及自己的品行，我将没有办法禁止他们。”

最终他也没有接受这辆好车。

有一次，晏子在家里刚要吃饭，齐景公派来的使者到了，晏子就请使者吃饭。晏子吃的是什么？粗粮和蔬（shū）菜，菜里只放了一点儿盐（yán），连油都没有。

晏子把自己的饭分了一半给使者，结果使者没有吃饱，晏子自己也没有吃饱。使者回去向齐景公做了报告。

齐景公说：“唉呀！我真不知道晏子的家这么穷，这是我的过失。”

于是，他派人送去千金，让他改善生活。

可是晏子不接受，晏子说：“我家不穷，主公给我的俸禄已经很高了，我还有封邑。我用这些钱养活了我父亲这边的亲戚和母亲那边的亲戚，还有我夫人那边很多亲戚，使他们都有饭吃，有衣穿，有房子住。还有上百个没有职位的读书人靠着我的钱养家糊口，

俸禄 fènglù 古代官员的工资。

我不能再要主公的钱了。有粗布衣服穿，有粗粮蔬菜吃，足够安度晚年，这就行了。”

齐景公不明白晏子为什么这么安于穷困的日子，就说：“过去桓公给管仲东西的时候，管仲都接受。先生你不接受我给你的东西，是什么原因呢？”

的确，晏子跟管仲不一样。管仲当了相国，生活很富裕（yù），他很享受富裕的生活。可是晏子的生活非常节约，连普通老百姓都不如。

晏子是非常敬佩管仲的，但是他不想学管仲的生活方式。他说：“可能管仲失误的地方就是我做得对的地方。”

晏子使楚

子旗和子良被赶走以后，齐景公又让晏子当丞相。

这一次，晏子没有说什么。因为两派的争斗已经结束，局势已安定，当丞相不再有危险了。

当时的超级大国，一个是晋国，另一个是楚国。齐国已经成为二流国家，这些年一直跟晋国结盟。可是现在晋国已经越来越腐败，就像叔向说的那样，晋国也已经到了末世。很明显，晋国人靠不住。

楚国怎么样呢？

这些年，齐国跟楚国没有什么来往，不知道楚国的情况。为了弄清齐国的外交和军事政策，晏子决定亲自访问楚国。

公元前 531 年，晏子前往楚国访问，这也是齐国历史上对楚国的最高级别访问。

这时，楚国的国君是楚灵（líng）王。

“齐国怎么想起来访问楚国了？”楚灵王感觉挺突然，跟齐国不了解楚国一样，楚国也不了解齐国。

“这个晏子是个什么样的人？”楚灵王问从齐国回来的使者。

“报告大王，晏子是齐国最贤能的人。这个人熟悉礼仪，脑子转得快，很会说话。不过，他个子矮小，

使楚　shǐ chǔ　访问楚国。使：出使，出访。
政策　zhèngcè　国家在一些大事上的做法。

比一般人都矮，看起来很不起眼。”使者在临淄的时候，见过晏子好几次，他没想到晏子个子那么矮。

“哈哈，齐国派出一个这样的人到楚国来，我们就给他一点儿厉害看看，看他怎么办。”楚灵王听说晏子个子很矮，高兴起来了，因为他自己个子很高。

第二天，晏子跟他的使团到了楚国的首都郢（yǐng）都。楚王派人到城外迎接，晏子跟着他们来到城门口，却见城门关着。

“奇怪，外国的使团来了，城门为什么关着？是表示对客人不欢迎吗？”晏子起了疑心。他等着楚国的官员去敲门。

可是楚国的官员没有去敲门，而是带着他往东走，走了不远，看见城墙上有一个小门，这个门很小，还没有晏子的个子高，人要想通过这个门，就必须把头低下来。这简直像是一个狗洞。

“晏丞相，您请进。”楚国的官员指着小门说。

这个小门很明显是新开的。晏子一下子明白了，楚国人没安什么好心，因为自己个子矮，这是想要侮辱自己，侮辱齐国。

楚国人这样做，晏子觉得很可笑。

“不要客气，你先请，在前面引路。”晏子不慌不

侮辱　wūrǔ　做使对方很丢脸的事。

忙地说，看起来很客气。他要看看楚国官员是怎么钻（zuān）进洞里去的。

“不，不。客人走这个门，我们一会儿走大门。”楚国官员说。

晏子笑了，说道：“这也就是一个狗洞。如果我们是到狗国访问，那当然是钻狗洞。可是，我们是到人国访问，应该走大门才对。”

在中国文化中，“狗”是用来骂人的，“狗国”当然也是骂人的。

楚国官员听出了其中的意思，很不好意思地说：“那我们走大门吧。”

楚灵王的第一个阴谋没有成功。

楚灵王接见了晏子，他一看，晏子果然是五短身材。跟晏子站在一起，楚灵王觉得自己更加高大，简直像一个巨（jù）人。

“晏先生，你们齐国是不是没有人了？”楚灵王问。

晏子早就听说这个楚灵王是一个无赖，看来真是这样。这样对待外国使者，只有无赖才做得出来。

“大王怎么这么说呢？我们临淄人口很多，如果大家一起举起衣袖，就会遮（zhē）住太阳。如果大家一起

阴谋　yīnmóu　暗中计划要做的坏事。
无赖　wúlài　品行不好，不做好事的人。

挥汗，就会像下雨一样。街上的人多得肩挨着肩，前脚跟着后脚，怎么说没有人呢？”

楚灵王说：“既然这样，那为什么派先生你这样的人到楚国来访问呢？”

晏子早就想到他接下来要说什么，所以，不慌不忙地回答道：“我们齐国派使者的规定是这样的：如果对方国家的国君贤明，就派贤明的使者去；如果对方国家的国君像个无赖，就派个没出息的人去。我这个人没出息，所以就被派到楚国来了。”

楚灵王没占到便宜，反而被晏子说成是无赖。不过他没有生气，因为他还有别的办法。

他们正说着话，忽然有两个士兵绑（bǎng）着一个人进来了。晏子知道，楚灵王肯定又要搞什么鬼。

“怎么回事儿？”楚灵王问。

“是一个齐国人，偷东西被我们抓住了？”那两个士兵说。

楚灵王故意装作吃惊的样子，看着晏子，说：“啊呀，齐国人吗？晏先生，齐国人是不是喜欢偷东西啊？”

晏子站起来，说：“大王，齐国人不偷东西呀。不过，我听说，橘（jú）树种在淮（huái）南，长出来的是美味的橘子。要是种在淮北，长出来的就是难吃的枳（zhì），因为水土不同。两种树的叶子看起来一样，可是果实吃起来完全是两种味道。这人在齐国不偷东西，可是到了楚国就偷东西。难道是楚国的水土不好，让这人喜欢偷东西了吗？”

“哈哈哈哈。”楚灵王大笑起来。

他其实并不是真想侮辱晏子，只是想看一看晏子是不是像人们说的那样贤明，有智慧。

橘子

现在，他服气了，他拉着晏子的手，说：“圣人是不能拿来取笑的，你看，我反而是自取其辱了。”

从那以后，晏子受到了楚灵王真心的、热情的接待。

晏子通过这次访问，也了解到楚国的情况，他看出来了，楚灵王不会太长久，齐国不用担心楚国。

二桃杀三士

齐景公喜欢勇士，他认为有了勇士，国家就强大，不怕外国侵略。他说："我想得到天下的勇士，和他们一起商量国家大事。"

他找来了不少勇士，信任他们，让他们当官。其实他找来的那些勇士，不过是一些头脑简单、四肢（zhī）发达的家伙。他们不懂礼仪，不懂道义，有些还是无赖，借着自己的勇力和齐景公的喜爱，到处欺压老百姓。

晏子很担心，觉得国家要是靠这些人，迟早要完蛋。

他劝告齐景公，说："国家最重要的是讲礼仪，老百姓如果不讲礼仪，就成了猪狗一样的人。勇力多而不懂礼仪，就会杀害他们的君主和好人。不用礼仪而能治理好一个国家，我从来就没听说过。"

晏子告诉齐景公，这些勇士只会制造混乱，治理国家要用礼仪。

可是，齐景公却听不进去。他心想："我喜欢勇士，又没说不要礼仪。"

有一天，晏子进宫去见齐景公，看见宫门口坐着三个人。

三个什么人？

齐国最有名的三个勇士，一个叫田开疆（jiāng），一个叫公孙接，另一个叫古冶（yě）子。他们是齐景公最重用的三个人。

晏子跟他们打招呼。晏子是丞相，按理他们应该站起来回礼，可是他们不但没站起来，连理都不理。他们谁都不放在眼里。

这样的人要是作起乱来，国家有多危险呀！

晏子劝齐景公，说："我听说，贤明的国君养的勇士，对上知道君臣大义，对下懂得爱护百姓，在国内可以对付坏人，对外可以去打敌军，国家因为他们会得到很多好处。这样的勇士，我也佩服他们，尊重他们。"

"可是主公您养的勇士，对上不懂得君臣大义，对下不懂得爱护百姓，在国内不能对付坏人，对外不能对付敌人。他们是危害国家的人呀，不如除掉他们。"

齐景公说："你说的是谁？"

晏子说："门口坐着的那三个就是。"

齐景公说："要除掉这三个人恐怕不容易，如果派人去抓他们，很难成功。如果派人去刺杀他们，肯定也刺不中。"

晏子说："对付这种人不需要这么麻烦。我有办法。"

这时，正好有人送来桃子。桃子是齐国有名的特产，齐国的桃子又大又甜。可是那人只送来三个，因为这

桃子

是今年第一批桃子。

齐景公拿起桃子吃了一个，连声说："好吃，好吃。"接着伸出手来，想去拿第二个。

"主公，这两个您就别吃了，给门口那三个勇士吧。"晏子赶紧说。

"那好吧。"齐景公说。他心里不明白，晏子刚才还说要除掉这三个人，现在为什么突然要给他们桃子呢？

"他们有三个人，可是桃子只有两个了，怎么办？"齐景公问，并且心里想，要是刚才自己不吃就好了。

"这好办，他们谁勇力大，谁就吃桃子。"晏子说。

"好吧，把桃子拿出去，让他们自己分。"齐景公命令道。

桃子拿到了门口，这三个人很高兴。

公孙接抢先说："有一次，我空手捉到一只大野猪。后来，我又捉到一只母老虎。我这样的勇力，可以吃桃子吧。"

说着他就拿过一只桃子来，咬了一口。

田开疆说："有一次打仗（zhàng），我多次打退敌人，那时候几十个敌人围着我，我都不怕，敌人被我打得落花流水。我这样的勇力，也可以吃桃子。"

他也拿起一个桃子来，咬了一口。

旁边有一个人急了，这个人就是古冶子。古冶子比他们两个更有勇力，可是他嘴慢，说话很费劲，被那两个人抢先说了，心里很着急。

“我曾经跟国君一起渡河，河里的鳄（è）鱼把一匹马拖下了水，到了下游。我当时就跳下水去，找到鳄鱼，把它的头砍下来。一手拉着马尾（wěi）巴（bā），一手举着鳄鱼头，跳上岸，当时把所有的人都惊呆了。人人都说，我的勇力天下无双。你们两个应该把桃子留给我吧！”古冶子好不容易把要说的话说了出来。

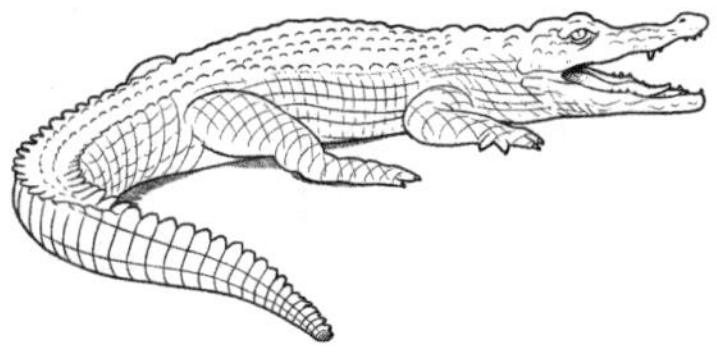

鳄鱼

公孙接和田开疆一听，觉得自己真的不如古冶子，可是桃子已经被自己吃了好几口，没有办法给古冶子了，看着自己手里快要吃完的桃子，两个人觉得非常不好意思。

田开疆说：“我们的勇力不如你，功劳也不如你，可是我们却抢着吃了桃子，而没有让给功劳大的人，我们还有什么脸活下去？如果不死，就不是勇士。”说着就拔出剑来，自杀了。

接着，公孙接也拔剑自杀了。

看着这两个人倒在地上死了，古冶子忽然很后悔，拍着自己的脑袋，说：“啊呀！是我不好。我说自己最有勇力，结果使我的朋友死了，我痛恨自己的行为。

他们能死，我为什么不能？我要是不死，就不能算勇士。”

他也拔出剑来，自杀了。

齐国三个最顶级的勇士就这样死了，为了两个桃子。

齐景公没想到，两个桃子会使三个人死了。他忽然明白了，晏子为什么要自己把两个桃子给他们。

晏子的办法，虽然轻易就把三个人杀了，可是齐景公心里还是觉得可惜，说：“再也找不到这样的勇士了。”

晏子说：“主公，他们都不过是有勇无谋的匹夫，这样的人没有什么了不起。用不着觉得可惜。我们齐国有的是人才，不缺少智勇双全、能够担任将相的人。”

司马穰苴治军

过了不久，晋国忽然联合燕（yān）国来攻打齐国。晋国占领了齐国的两个地方，燕国占领了齐国黄河南岸的领土。

齐国军队多年不打仗，现在已经不会打仗了，所以连连败退。

齐景公急了，把晏子找来商量，说："三个勇士已经死了，现在怎么办呢？"

晏子说："主公，别着急。我知道一个人，这个人能文能武，智勇双全。对内能团结人，对外能打败敌人，是一个将才，比那三个勇士强 100 倍。"

齐景公睁大眼睛，说："真的吗？他是谁？"

"他叫田穰（ráng）苴（jū）。这个人深通兵法，天生是个带兵的人。"晏子说。

"我怎么没听说过这个人？他姓田，是田无宇家的人吗？"齐景公问。

"他确实是田家的人。田家在齐国 100 多年了，有很多后代，只有田无宇这一家当大官，很有钱，其他各家都不行了。这田穰苴家就很穷，其实他跟田无宇家没有什么来往，他现在在农村种地。"晏子对这个人了解得很清楚。

"那就叫他来吧，我跟他谈谈，看他是不是真的能带兵。"齐景公说。

齐景公跟田穰苴讨论了一些军事问题以后，发现这个人果真很了不起，于是马上就任命田穰苴为将军，让他带兵去抵抗晋国和燕国的侵略。

可是田穰苴说："主公，我的地位一直很低下，只是一个老百姓、一个农民。现在您忽然把我提拔起来，让我当将军，我的职位在大夫之上了，恐怕士兵们不会听我的命令，老百姓们也不会信任我的。"

"那怎么办呢？"齐景公也有些担心。

"如果您派一个您的亲信，又是大家都尊敬的人来给我当监军，那就好办了。"田穰苴说。

齐景公答应了，派亲信庄贾去给田穰苴当监军。

田穰苴跟庄贾说好，第二天正午在军营里见面。

"别忘了，正午到军营。"临别的时候，田穰苴特地又说了一句。

"忘不了。"庄贾回答。

第二天上午，田穰苴在军营里立起一根看日影的木杆（gān），等着庄贾到来。

立木杆干什么？

古代没有钟表，立木杆是为了看时间。上午太阳在东面，木杆的影子在西边，影子越短，越接近中午。下午太阳在西边，木杆的影子在东边，影子越长时间

抵抗　dǐkàng　去跟来侵略的敌人打。

监军　jiānjūn　了解军队中的情况，并且帮助管理军队的人。

越晚。只有正午的时候，太阳在木杆的正上方，木杆没有影子。

庄贾是一个很骄傲的人，没有太把田穰苴当一回事。他心里想，这支军队他以前带过，这次自己只是一个监军，又不是主将。所以，去晚一点儿也没有关系。正好他的亲戚朋友们请他喝酒，为他送行，他就放心大胆地留下来喝酒了。

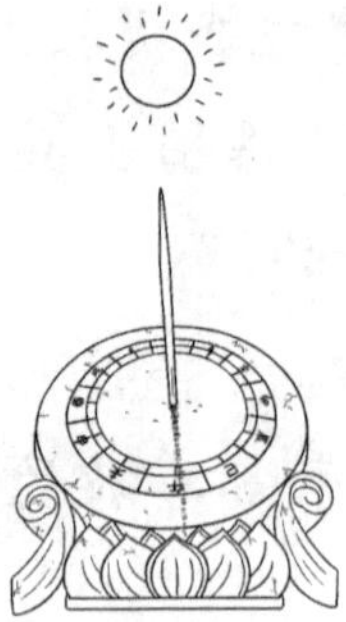

日影

正午到了，庄贾没有来。

田穰苴不再等了，他开始点名，整顿军队，向士兵们说了纪律，训练队伍。

那时齐国军队的纪律很差，士兵们都懒懒散散，半天才把队伍集合好。

田穰苴叹了一口气，这样的军队怎么能不打败仗？他知道，首先必须整顿纪律。

一直到天快黑了，庄贾才慢慢地来到军营。

“为什么来得这么晚？”田穰苴问道。

庄贾满不在乎地说：“我的一些亲戚朋友为我送行，喝了一些酒。”

田穰苴生气地说：“作为一个将军，从他接受国

纪律 jìlǜ 要求每个人都必须这样做的规定，比如不可以迟到等。

君的命令那一天起，就应该把家中的事情忘掉。当他面向军队说纪律的时候，就必须把自己的父母也忘掉。当战鼓响起，冲向敌人的时候，就必须把自己的安危也忘掉。”

“现在，敌人已经深入到我国的领土，前线的将士正在流血打仗。国内人心不安，国君着急得睡不着觉，吃不下饭。全国老百姓的性命都决定于你，看你能不能打败敌人，而你竟然还在那里喝酒，让别人送行。”

田穰苴把管军法的军官叫过来，问道：“不遵守约定的时间，迟到的人，按军法应该怎么处理？”

那个军官说：“应该斩（zhǎn）首。”“斩首”就是杀头。

庄贾一听吓坏了，赶紧派人去向齐景公求救。

还没等派去的人回来，田穰苴已经让人把庄贾的头砍了下来，挂在旗杆上示众。

全军的将士看到这种情景，都非常吃惊，从此再也没有人敢懒懒散散，不听命令了。

齐景公的使者来了，他的马车没有经过同意，急急忙忙地冲进军营，对田穰苴说，不要杀庄贾。

田穰苴说：“大将在军中，可以不接受国君的命令。”又问那个管军法的军官：“没有经过同意，乘车冲进军营里来，按军法应该怎么处理？”

遵守 zūnshǒu 按纪律和法律的要求做。

那个军官说："应该斩首。"

使者听了吓坏了，想不到自己也要被斩首。田穰苴说："国君的使者不能杀，但是也不能不处理。"

于是他下令，把使者的车夫杀了，并且杀了拉车的一匹马，在全军面前示众。他让使者回去向齐景公报告，自己带着部队向前线出发了。

在行军途中，田穰苴非常关心士兵们，跟士兵们同吃同住，这使士兵们很感动。第三天，到了准备出战时，士兵们的士气很高，连生病的士兵都积极要求参加战斗。

晋国的军队听说了这些情况，知道齐国军队已经跟以前很不一样了，恐怕自己不是这个田穰苴的对手，于是主动退走了。

燕国军队一看这种情况，也主动退过黄河，向北退去了。

于是田穰苴带领齐军追击，收复了齐国的所有失地。

齐景公亲自带领大臣们到城外迎接齐军回来，任命田穰苴为齐国的大司马，也就是国防部长。后来人们就叫田穰苴为司马穰苴。司马穰苴后来成为了春秋时的名将。

晏子去世

中国古代有不少国君非常坏，喜欢做坏事，喜欢杀人。如果有人劝他不要做坏事，他会把前来劝说的大臣杀掉。所以做一个忠臣是有生命危险的。

即使这样，中国古代仍然不缺少忠臣。他们知道自己这样说会被国君杀死，可是他们仍然要说，这叫作死谏。

晏子不赞成死谏。他认为死谏并不能解决任何问题，反而会白白丢掉性命。晏子有很高的智慧，他有时候会很直接，一句话就指出国君的错误。有时候又会用玩笑、反语等方法去劝国君，这些方法往往很有用，国君会听他的意见。

有一天，齐景公问晏子："忠臣是怎样为国君做事的呢？"

晏子故意回答道："国君有灾难的时候，不为国君去死。国君出国逃亡的时候，不为他送行。"

齐景公听了很不高兴，说："你这是什么话！国君拿出土地来给他，让他当官，可是当国君有难的时候，他不为国君去死，国君逃亡的时候，他不给国君送行，这怎么能算是忠臣呢！"

晏子说："如果大臣的话国君能听，国君就永远不会有难，大臣怎么会死呢？如果大臣的建议被采用，

忠臣 zhōngchén 一心一意为国君做事，为国家好的大臣。

国君就不会出逃，大臣怎么会去送行呢？”

“如果不听大臣的话，国君有难而为他去死，这是白死了。如果不听大臣的话，国君出逃的时候去送行，那也没有用。所以，作为忠臣要能够让国君听自己的建议，不要让国君有灾难。”

齐景公觉得晏子说得对。

即使这样，齐景公还是常常不听晏子的劝告。有一年，已经是深秋了，可是齐景公却要很多人来修建宫殿。

一直修到快冬天了，地里的庄稼还没有收完，晏子好几次劝齐景公停建宫殿。可是，齐景公总是不听，反而还要举办宴会，让晏子陪着喝酒。

喝了一会儿酒以后，晏子站起来，说：“我跳一支舞来助兴吧。”

他一边跳舞，一边唱道：

岁已暮（mù）矣（yǐ），（快到年底了，）

而禾（hé）不获，（可是庄稼还没有收，）

忽忽矣若（ruò）之何？（唉呀呀，怎么办呢？）

岁已寒矣，（冬天到了，）

而役（yì）不罢（bà），（劳役还不停止，）

惙（chuò）惙矣如之何？（唉呀呀，怎么办呢？）

晏子想起老百姓生活的苦处，一边跳舞一边流泪。

齐景公见到这种情景，也感到不安了，于是下令暂停修建宫殿。

有一次，齐景公喝酒喝到半夜，觉得一个人喝酒没有意思，就下令把酒和乐队都搬到晏子家去。先行的太监敲晏子家的门，说道："国君到了。"

晏子不知道出了什么事，赶紧穿好礼服，站在家门口，说："国家是不是有事？国君为什么半夜来我家？"

齐景公说："什么事也没有，我就是想跟你一起喝美酒，听音乐。"

晏子说："侍候国君喝酒、听音乐有专门的人。我是丞相，这不是我的责任。"他挡在门口，不让齐景公进家门。

齐景公心想："你不陪我，有人陪我。"于是就说："走，到司马穰苴家去。"

先行的太监敲司马穰苴家的门，说道："国君到了。"

司马穰苴穿好盔甲，拿着武器站在自己家的门口，问道："别国是不是要侵略我国？大臣中是不是有人造反？国君为什么深夜到我家？"

侍候 shìhòu 为……服务。
盔甲 kuījiǎ 打仗时穿的保护身体的衣服。

齐景公说：“别紧张，什么事也没有，我就是想跟你一起喝美酒，听音乐。”

司马穰苴说：“侍候国君喝酒、听音乐有专门的人呀，我不敢参加这样的事。”

齐景公说：“你不喝，那好，我们去梁（liáng）丘（qiū）据（jū）家。”

先行的太监敲梁丘据家的门，说道：“国君到了。”

梁丘据手里拿着乐器，边走边唱地走了出来迎接国君。

梁丘据是什么人？

他是齐景公喜欢的人，他不懂治理国家，也不懂带兵打仗，只会拍马屁讨齐景公喜欢。

齐景公很高兴，说：“没有晏子和穰苴，怎么能治理好我的国家？没有梁丘据，怎么能使我快乐？好啊，今天晚上你陪我喝酒。”

齐景公就是这样一个追求享（xiǎng）乐的国君，但是他也知道没有晏子这样的贤明大臣是不行的，所以，他有时候也会听晏子的劝告。

有一年，连续下了 17 天雨，老百姓受了灾，可是齐景公还在没白天没黑夜地喝酒。晏子多次请求发放粮食救济灾民，齐景公就是不答应，他反而派人到全国去，找能歌善舞的人。

晏子知道以后，非常生气，就把自己家里的粮食分给灾民，把装粮食的容器放在路边，自己步行去见齐景公，说："下了17天雨，一个乡有几十家房屋损坏，有很多挨饿的人。他们在灾难中四处张望，希望有人能帮助他们。他们没有可以诉说自己难处的地方，非常可怜。可是国君您不关心百姓，仍然每天喝酒作乐，还派人四处找能歌善舞的人！"

"宫里的马吃着粮食，您的狗吃着牛羊肉。您对待狗和马是不是太好了？对待百姓是不是太不好了？如果百姓很穷，常常挨饿，就会抛弃他们的国君。"

"我是丞相，面对这样的君主，没有办法救老百姓，我的罪实在是太大了，我要求辞职。"说着，晏子转过身来，快步走出了宫门。

齐景公一看，这次晏子真是急了。他忽然觉得，没有晏子帮他治理这个国家，国家很快就会完蛋，所以赶紧跑出去追赶晏子。可是路上有很多泥，他追不上，只好命人驾车追赶晏子。追到了晏子家，还是没追上。看见晏子家的粮食全都分给了灾民，装粮食的器具扔在路边。

他继续坐着马车追到大路上，后来终于追上了。

齐景公下车对晏子说："我有罪过，请先生不要抛

抛弃 pāoqì 扔掉，不要了。

弃我。我把粮食都拿出来，分发给老百姓。一切都按先生的意见办。”

晏子这才同意回去。

晏子马上组织官员救灾。穷苦灾民共有17000多家，失去房屋的有2700家，晏子派官员送去粮食，给灾民钱帮助他们修理房屋，官员们如果不用心救灾，晏子就治他们的罪。

齐景公看到灾情很严重，于是就减少了肉食，也不再举办宴会，马匹也不再吃粮食了。

晏子请求齐景公减少宫中的歌舞乐队和美女人数。齐景公没办法，只好答应了。因此后宫的人员减少了3000人。

晏子一生都在尽自己的努力为老百姓做事，他的事迹很多，都记在《晏子春秋》这本书里。

公元前500年，晏子死了。这一年他大约75岁。

齐景公在外边游玩，听说晏子死了，赶紧哭着回到都城，趴（pā）在晏子的尸体上大哭不止，一边哭一边说：“先生叫我改正错误，连细小的过失都不放过，可是我还是不愿意改。现在先生走了，齐国的江山危险了，老百姓向谁求告呢！”

晏子死后，被埋在首都临淄郊区，现在我们还能看到晏子的墓（mù）。

正如晏子预料的那样，公元前391年，田完的第12代子孙田和，把姜姓的国君齐康公赶到了海边，自己当了齐国国君。齐国虽然仍然是齐国，但是国君已经换成了田姓。

生词表

B		
报仇	bào chóu	14
C		
潮湿	cháoshī	56
惩罚	chéngfá	22
辞职	cí zhí	11
D		
戴绿帽子	dài lǜmàozi	14
抵抗	dǐkàng	83
F		
发誓	fā shì	21
废话	fèihuà	17
俸禄	fènglù	62
腐败	fǔbài	38
G		
狗窝	gǒuwō	61
棺材	guāncai	32
H		
汇报	huìbào	59
J		
姬妾	jīqiè	32
吉利	jílì	12
戟	jǐ	41
纪律	jìlǜ	84
祭祀	jìsì	40
奸淫	jiānyín	22
监军	jiānjūn	83
监狱	jiānyù	30
建议	jiànyì	10
结盟	jié méng	4
K		
可耻	kěchǐ	17
盔甲	kuījiǎ	92
M		
末世	mòshì	2
P		
拍马屁	pāi mǎpì	31
抛弃	pāoqì	94

附录：第三级 1200 字表

A

阿 啊 挨 矮 爱 安 岸 按 暗 傲

B

八 吧 拔 把 爸 白 百 摆 败 拜 班 般 搬

板 办 半 帮 傍 包 饱 宝 保 报 抱 杯 北

备 背 倍 被 本 笨 逼 鼻 比 笔 必 闭 避

边 编 变 便 遍 表 别 冰 兵 饼 并 病 脖

补 不 布 步 部

C

擦 猜 才 材 采 彩 踩 菜 参 餐 藏 草 厕

层 差 插 茶 查 拆 柴 产 长 尝 常 场 唱

抄 超 朝 吵 车 尘 沉 晨 称 趁 成 诚 承

城 乘 程 吃 池 迟 持 尺 齿 冲 虫 愁 丑

臭 出 初 除 处 楚 穿 传 船 窗 床 吹 春

词 此 次 刺 聪 从 粗 催 村 错

D

打 达 答 大 呆 待 代 带 袋 戴 单 担 胆

但 淡 弹 蛋 当 挡 刀 导 岛 倒 到 道 得
德 地 的 底 灯 等 低 敌 弟 递 第 点 店
钓 调 掉 跌 顶 订 定 丢 东 冬 懂 动 冻
洞 都 斗 抖 读 独 肚 堵 度 渡 端 短 段
断 堆 队 对 蹲 顿 多 夺 朵 躲

E

鹅 恶 饿 儿 而 耳 二

F

发 法 翻 烦 反 犯 饭 方 防 房 访 放 飞
非 费 分 纷 粉 份 奋 愤 风 封 夫 扶 服
福 府 父 付 负 妇 附 复 副 富

G

该 改 盖 概 干 赶 敢 感 刚 钢 高 搞 告
哥 割 歌 隔 个 各 给 根 跟 更 工 弓 公
功 攻 供 宫 共 沟 狗 购 够 估 姑 古 骨
鼓 故 顾 刮 挂 怪 关 观 官 管 惯 光 广
规 鬼 贵 跪 滚 过 国 果

H

还 孩 海 害 寒 喊 汉 汗 号 好 喝 合 何
和 河 盒 吓 贺 黑 很 恨 红 后 候 乎 呼

忽 胡 湖 糊 虎 互 户 护 花 化 划 画 话

坏 欢 换 荒 慌 黄 灰 挥 恢 回 悔 会 昏

婚 混 活 火 伙 或 货 获

J

击 圾 机 鸡 积 激 及 级 极 即 急 集 几

己 挤 计 记 纪 技 系 际 季 迹 济 既 继

寄 绩 加 家 假 价 驾 架 嫁 稼 尖 坚 间

肩 捡 检 减 剪 简 见 件 建 健 渐 箭 江

将 讲 奖 降 交 郊 骄 教 角 脚 叫 较 接

街 节 结 姐 解 介 界 借 斤 今 金 仅 紧

尽 进 近 劲 禁 京 经 惊 睛 精 景 净 竟

敬 静 境 镜 九 久 酒 旧 救 就 居 举 句

拒 具 据 卷 决 觉 绝 军

K

卡 开 砍 看 康 扛 抗 考 烤 靠 科 棵 颗

可 渴 克 刻 客 课 肯 空 恐 口 哭 苦 块

快 筷 宽 况 捆 困 扩

L

垃 拉 啦 落 来 拦 蓝 篮 懒 烂 郎 狼 劳

老 乐 了 累 泪 类 冷 离 礼 里 理 力 历

厉 立 丽 利 励 例 俩 连 怜 联 脸 练 良

凉 量 粮 两 亮 谅 辆 聊 料 邻 林 临 零

龄 令 领 另 留 流 六 楼 路 旅 绿 乱 论

轮

M

妈 吗 麻 马 骂 么 埋 买 卖 满 慢 忙 毛

冒 帽 貌 没 每 美 妹 门 们 梦 迷 米 秘

密 面 灭 民 名 明 命 摸 母 木 目

N

拿 哪 那 奶 男 南 难 脑 闹 呢 内 能 泥

你 年 念 娘 鸟 您 牛 农 弄 努 怒 女 暖

P

爬 怕 拍 排 派 乓 旁 胖 跑 陪 盆 朋 碰

批 皮 疲 脾 匹 片 偏 篇 骗 漂 飘 票 拼

品 乒 平 瓶 坡 婆 破 扑 普

Q

七 妻 戚 期 欺 齐 其 奇 骑 旗 起 气 弃

汽 器 千 牵 前 钱 浅 欠 枪 强 墙 抢 悄

敲 桥 切 且 侵 亲 青 轻 清 情 晴 请 庆

穷 秋 求 球 区 取 去 全 劝 缺 却 确 群

R

然 嚷 让 扰 绕 热 人 忍 认 任 扔 仍 日

容 肉 如 入 软 弱

S

撒 赛 三 伞 散 扫 嫂 色 杀 沙 傻 晒 山

闪 善 伤 商 上 烧 稍 少 绍 蛇 舍 设 社

射 伸 身 深 神 升 生 声 绳 省 胜 剩 失

师 湿 十 什 石 时 识 实 拾 食 史 使 始

士 示 世 市 式 势 事 试 视 是 适 室 收

手 守 首 受 瘦 书 叔 舒 输 熟 数 术 束

树 摔 双 谁 水 说 睡 顺 私 思 撕 死 四

送 诉 速 酸 算 虽 随 岁 碎 损 所 锁

T

他 它 她 台 抬 太 态 谈 汤 堂 糖 躺 趟

逃 讨 套 特 疼 梯 踢 提 题 体 替 天 田

甜 挑 条 跳 贴 铁 厅 听 庭 停 挺 通 同

铜 童 统 桶 痛 偷 头 透 突 图 途 涂 土

团 推 腿 退 拖 脱

W

挖 外 弯 完 玩 晚 碗 万 王 往 忘 望 危

为 围 伟 卫 未 位 味 胃 喂 温 文 闻 问
我 握 屋 无 五 午 伍 武 舞 务 物 误 雾

X

西 吸 希 息 悉 惜 习 洗 喜 细 下 夏 先
鲜 闲 显 险 县 现 线 献 乡 相 香 箱 响
想 向 像 消 小 校 笑 些 鞋 写 血 谢 心
辛 新 信 兴 星 行 形 醒 幸 性 姓 兄 胸
休 修 秀 袖 须 需 许 续 选 学 雪

Y

压 呀 牙 烟 严 言 颜 眼 演 宴 验 扬 羊
阳 养 样 腰 摇 咬 药 要 爷 也 野 业 叶
页 夜 一 衣 医 宜 移 疑 已 以 椅 义 异
易 意 因 阴 音 姻 银 引 应 英 迎 营 赢
影 硬 永 勇 用 优 由 油 游 友 有 又 右
于 鱼 雨 语 玉 预 遇 元 园 员 原 圆 援
远 怨 院 愿 约 月 越 晕 云 运

Z

杂 砸 灾 再 在 暂 赞 脏 糟 早 澡 造 责
怎 曾 增 摘 展 占 战 站 掌 丈 着 找 照
者 这 真 阵 争 征 睁 整 正 证 之 支 只

知　织　直　职　止　纸　指　志　治　中　终　种　众
重　周　猪　主　助　住　注　祝　抓　专　转　装　撞
追　准　捉　桌　子　自　字　总　走　租　足　族　组
祖　嘴　最　醉　尊　作　昨　左　坐　座　做